EXTRAIT

DES SERVICES MILITAIRES

DE

PICART (Achille)

Né à Berrieux (Aisne) le 14 janvier 1847.

PARIS

IMPRIMERIE E. PETIT

104, RUE DU FAUBOURG-SAINT-ANTOINE, 104

—

1883

SERVICES MILITAIRES

DE

PICART (Achille)

Je soussigné, Marie-Louis-Charles RILLARD
de VERNEUIL, Capitaine de la septième compagnie
du second bataillon du 17ᵉ de marche, déclare que la
bravoure du caporal A. PICART a été au-dessus de
tout éloge pendant le siège de *Soissons*.

Il était choisi parmi les hommes déterminés pour les
opérations difficiles et dangereuses. Plusieurs fois
même lui seul a rendu possibles, par son intelligente
énergie, des entreprises indispensables à la défense,
démolitions de ponts exécutées sous les yeux de l'ennemi, etc., etc.

Il était de toutes les sorties, soit avec sa compagnie,
soit comme volontaire; j'ai pu juger de son courage
intrépide, de l'élan qu'il savait inspirer autour de lui.

Enfin deux fois il a été porté à l'ordre du jour de la

place. Je désire ardemment qu'un tel homme reçoive la juste récompense de son mérite, car ses officiers et ses camarades sont unanimes à reconnaître qu'il en est digne.

Fait au Château de Verneuil-Courtonne, le 2 juillet 1871.

Signé : C. R. DE VERNEUIL,

Capitaine de la 7ᵉ compagnie du 2ᵉ bataillon du 17ᵉ.

Vu pour légalisation de la signature de M. Rillart de Verneuil (Charles), de cette Commune.

Verneuil-Courtonne, 2 Juillet 1871

Le Maire, Signé : CUVILLIER.

Vu pour copie conforme à l'original qui nous a été représenté.

Paris, le 17 octobre 1879

Le Commissaire de Police,

Signé : COTON D'ANGLESQUEVILLE

Département de l'Aisne

GARDE NATIONALE MOBILE

2ᵉ bataillon

Le Commandant du 2ᵉ bataillon de la Garde nationale mobile de *l'Aisne*, soussigné, certifie que le nommé ACHILLE PICART a fait partie dudit bataillon comme caporal à la 7ᵉ compagnie, depuis le 11 Août jusqu'au 15 Octobre 187c, et que pendant le temps du siège de *Soissons,* où le bataillon tenait garnison, le caporal PICART a été mis plusieurs fois à l'ordre du jour du bataillon pour sa bravoure et sa belle conduite dans les différentes sorties faites par la garnison.

En foi de quoi le Commandant lui a délivré le présent certificat.

Soissons, le 10 mars 1871
Le Commandant,
SIGNÉ : D'AUVIGNY.

Vu pour légalisation de la signature de M. D'Auvigny,
Soissons, le 25 août 1875
Le Maire : Signature illisible.

Vu pour copie conforme à l original qui nous a été représenté.
Paris, le 17 Novembre 1879
Le Commissaire de Police,
SIGNÉ : COTON D'ANGLESQUEVILLE.

Joigny (par Soissons), le 10 Décembre 1871

MONSIEUR LE MINISTRE,

J'ai l'honneur de vous proposer comme devant obtenir une récompense le nommé PICART ACHILLE, sergent à la 7ᵉ compagnie du 2ᵉ bataillon mobile de *l'Aisne*, lequel, pendant tout le siège de *Soissons*, n'a cessé de rendre à la place les plus grands services par son courage et son dévouement au dessus de toute épreuve, ainsi que l'attestent le certificat délivré par son Capitaine et celui que je lui ai délivré moi-même. J'ai donc l'honneur de vous proposer, Monsieur le Ministre, pour la croix de la Légion d'honneur le sergent PICART.

Je suis, avec le plus profond respect, Monsieur le Ministre, votre très humble et très dévoué subordonné.

Le Lieutenant-Colonel, commandant le 17ᵉ régiment de marche,
SIGNÉ : F. CHARPENTIER

Vu pour copie conforme à l'original qui nous a été représenté,

Paris, le 17 novembre 1879

Le Commissaire de Police,
SIGNÉ : COTON D'ANGLESQUEVILLE

Le Lieutenant-Colonel commandant le 17e régiment de marche certifie que le nommé PICART, d'abord caporal, ensuite sergent à la 8e compagnie du 2e bataillon des gardes mobiles de *l'Aisne*, a rendu les plus grands services à la place de *Soissons* en exécutant avec intrépidité les ordres qui lui ont été donnés dans les circonstances les plus difficiles.

Il a été notamment envoyé la nuit au milieu des lignes prussiennes pour donner l'ordre de faire sauter le tunnel de *Vierzy* et s'est acquitté de sa mission avec une rare intelligence et le plus grand courage ; dans une autre circonstance il a été désigné par le commandant de la Place pour, avec un de ses camarades, saisir un braconnier dangereux faisant métier d'espion et s'est parfaitement acquitté de sa mission.

PICART a pris part à toutes les sorties de la garnison, c'est un intrépide soldat auquel le commandant du régiment se plaît à rendre justice, et un de ces hommes déterminés, solidement trempés que rien n'arrête et sur lesquels on peut toujours compter.

Le Lieutenant-Colonel serait heureux de voir récompenser un sous-officier pour lequel il a la plus grande estime et dont il conserve le meilleur souvenir.

Fait à Juvigny, le 26 juin 1871

Le Lieutenant-Colonel, commandant le 17e régiment de marche.
SIGNÉ : F. CARPENTIER.

Vu pour copie conforme à l'original qui nous a été représenté,
Paris, le 17 novembre 1879
Le Commissaire de Police :
SIGNÉ : COTON D'ANGLESQUEVILLE.

Douai, le 6 mars 1871

Le Capitaine commandant les Éclaireurs de *l'Aisne* atteste que le nommé Achille PICART est entré dans la compagnie le 4 novembre 1870 et y est resté jusqu'au 4 Février suivant, date de la dissolution de tous les corps francs.

La conduite du sergent-major PICART mérite les plus grands éloges ; dans toutes les sorties qui ont été faites pendant l'investissement de la ville de *la Fère*, il s'est distingué par sa bravoure, son audace et son mépris du danger.

Le Capitaine soussigné atteste de plus que le jour du bombardement de *la Fère*, Achille PICART a traversé quatre fois sous une grêle d'obus la rivière d'*Oise* pour ramener en ville les francs-tireurs qui se trouvaient dans le faubourg exposés au feu de la place et de l'ennemi ; la barque qui les transportait a été brisée par un éclat d'obus.

Enfin, vers le soir, au moment où le bombardement

était le plus violent, le jeune PICART a traversé une dernière fois la rivière pour venir prendre le Capitaine qui était resté le dernier hors de la ville. C'est avec le plus grand plaisir que je constate ces faits et que je les atteste sur l'honneur.

SIGNÉ : WARLUZEL,
Capitaine, commandant les Éclaireurs de l'*Aisne*.

Le Lieutenant,
SIGNÉ : L. VINCENT.

Vu pour copie conforme à l'original qui nous a été représenté

Paris, le 17 novembre 1870

Le Commissaire de Police,
SIGNÉ : COTON D'ANGLESQUEVILLE

La Fère, 1er décembre 1871

A son Excellence Monsieur le Ministre de la Guerre

Monsieur le Ministre,

Le 4 novembre 1870, le jeune PICART Achille, sergent de la mobile de *l'Aisne*, évadé de *Soissons*, s'est engagé dans la compagnie des Éclaireurs de *l'Aisne* dont j'étais le Capitaine-Commandant.

Ce jeune homme, cité plusieurs fois à l'ordre du jour pour sa belle conduite pendant le siège de *Soissons* a été, au siège de *la Fère*, mon plus valeureux auxiliaire dans les missions périlleuses qui m'ont été confiées.

Dans toutes nos sorties, il marchait le premier en tête de la colonne : c'était vraiment le *Soldat sans peur*.

Le 24 novembre, veille du bombardement de *la Fère*, je fus envoyé à cent mètres des avant-postes prussiens, pour examiner les travaux et diriger le feu de la place ; de 2 heures à 5 heures, mon sergent-major fit dix fois le trajet de mon poste d'observation à la place, sous les yeux des sentinelles ennemies, avec un sans-froid admirable.

La nuit du 24 au 25 novembre, je reçus l'ordre de traverser les jardins inondés vers minuit ; à sept heures du matin, le bombardement était commencé ; nous étions, 23 de mes éclaireurs et moi, entre le feu ennemi et celui de la place, sans barque pour rentrer en ville, mon brave PICART ne consulte que son courage, et, au milieu d'une grêle d'obus, il sauva 21 de mes hommes en les transportant les uns après les autres au moyen d'une barque qui faisait le service de la gare à l'arsenal. Au dernier voyage, cette barque est crevée par un obus ; je restai seul avec un de mes caporaux. Il était bien difficile de retrouver un autre moyen de transport, mais ce n'était pas impossible pour mon sergent-major ; vers cinq heures du soir, il était parvenu à se procurer une nouvelle barque ; il affronta de nouveau le feu des batteries ennemies et parvint enfin à nous faire rentrer en ville.

Le dévouement du jeune PICART est au-dessus de tout éloge ; je serais heureux, Monsieur le Ministre, si la croix de la Légion d'honneur était accordée au brave sergent qui, pendant deux sièges, a exposé tant de fois sa vie et a prouvé, malgré nos malheurs, qu'il y a encore de nobles cœurs en France et de valeureux soldats.

Je suis, Monsieur le Ministre, de votre Excellence, le très humble et obéissant serviteur.

SIGNÉ : WARLUZEL,
Ex-Capitaine, commandant les Éclaireurs de l'*Aisne*,
Chef d'Institution à *La Fère*.

Vu pour légalisation de la signature de M. Warluzel,
La Fère, le 7 décembre 1871
Le Maire : SIGNÉ : MAROTE.

Vu pour copie conforme à l'original qui nous a été représenté,
Paris, le 17 novembre 1879
Le Commissaire de Police :
SIGNÉ : COTON D'ANGLESQUEVILLE.

ÉTAT BELGE

RÉCOMPENSE NATIONALE

COURAGE, DÉVOUEMENT, HUMANITÉ

Par Arrêté royal du 15 Septembre 1879

LA MENTION HONORABLE

A ÉTÉ DÉCERNÉE A

PICART Achille

ENTREPRENEUR, DEMEURANT A ANVERS

pour le fait suivant :

Anvers, le 31 Mai 1879

PICART s'est dévoué pour arrêter un taureau furieux.

Le Ministre de l'Intérieur,
SIGNÉ : G. ROLIN-JACQUEMYNS.

LE COMMANDANT RETRAITÉ
L. VINCENT
LIEUTENANT-COLONEL COMMANDANT
LE 15ᵉ RÉGIMENT TERRITORIAL D'INFANTERIE

193, Faubourg Saint-Denis, 193
PARIS

Paris, 22 Octobre 1880

A Monsieur le Sous-Lieutenant Picart,
du 15ᵉ territorial d'infanterie.

MON CHER LIEUTENANT,

J'ai bien reçu le dossier relatif à vos propositions pour chevalier de la Légion d'Honneur pendant la dernière guerre, et je regrette bien qu'il ne me soit pas parvenu avant le 14 juillet, vous seriez peut-être décoré maintenant.

J'ai transmis, le 20 juin dernier, une proposition en votre faveur, les pièces que vous m'envoyez serviront à l'appuyer.

Je suis heureux de vous faire connaître que j'ai expédié hier à Monsieur le Général commandant la 8ᵉ brigade, un rapport spécial, un mémoire de proposition pour chevalier, et votre dossier. — Toutes ces pièces suivront la voie hiérarchique régulière, et j'ai tout lieu d'espérer que vous recevrez bientôt la récompense qui vous est due. Je le désire !

Le Lieutenant-Colonel commandant le 15ᵉ territorial.

L. VINCENT.

Extrait du *Panthéon de l'Industrie*

M. ACHILLE PICART

ENTREPRENEUR DE DÉMOLITIONS

Il se trouvera peut être, parmi nos lecteurs de province et de l'étranger, quelque homme, ignorant des choses parisiennes, qui s'étonnera de nous voir inscrire au nombre de nos illustrations contemporaines un de nos plus intrépides démolisseurs.

Eh bien ! oui, n'en déplaise à l'esprit provincial qui attache aux vieilles pierres un respect légitime, mais poussé parfois jusqu'à la superstition, Paris, amoureux du grand air, du grand jour, des grandes rues à peine assez larges, quelque larges qu'elles soient, pour la libre circulation du char du progrès, Paris compte volontiers parmi ses hommes les plus utiles ceux qui le débarrassent des vieux murs entre lesquels il haletait à demi asphyxié, Paris place au premier rang les plus actifs d'entre eux, comme Picart qui, tout jeune encore, a déjà jeté bas soixante-sept maisons pour l'ouverture de la rue d'Alésia, deux lots de maisons qui ont fait place à l'avenue de l'Opéra, un lot de maisons dont l'emplacement est occupé par les agrandissements de l'École de Médecine, deux lots emportés par le boulevard Henri IV, et qui poursuit actuellement, avec un entrain incroyable, la démolition simultanée de six cent cinquante maisons à Anvers, celle des maisons parisiennes qui gênaient les abords de l'Hôtel des Postes projeté, celle enfin des immenses bâtiments du Champ-de-Mars qui accueillirent, en 1878, les produits de l'industrie de l'univers.

Et Paris, avec une indulgence que nous n'hésitons pas à approuver, ne songe pas même à lui reprocher les *sacrilèges* très-nombreux qu'il a eu l'occasion de commettre, en jetant bas une foule de maisons historiques :

L'Hôtel de Lesdiguières, la maison de Corneille, celle de la Du Barry, celle où mourut Marat, l'hôtel où descendit Charlotte Corday, la maison où furent fusillés les généraux Clément Thomas et Lecomte, l'hôtel de la princesse Mathilde, etc., etc.

S'il était nécessaire d'atténuer l'effet de cette nomenclature, nous dirions que M. PICART, plus jeune encore par le cœur que par la date de sa naissance, sent, lui aussi, les émotions de l'archéologue à la vue des monuments historiques abattus par le marteau de ses ouvriers, et s'attache pieusement, à l'occasion, à conserver les reliques dont l'existence n'est pas incompatible avec le libre jeu des organes de la grande ville.

Nous ne citerons que la porte de la maison de Corneille conservée par lui, et passée aujourd'hui entre les mains de Sardou, qui a cru devoir cette marque de pieux respect à un ancien collègue... le mot étant essentiellement académique, on ne le trouvera irrespectueux ni pour l'un ni pour l'autre.

Donc, M. Achille PICART avait droit à une place dans notre *Panthéon*, au simple titre de démolisseur.

Hâtons-nous d'ajouter qu'il a d'autres titres à la sympathique admiration des braves gens, de tous les cœurs en qui vibre l'amour de la patrie.

On va le voir dans le récit abrégé de son existence si courte encore et déjà si bien remplie.

Achille Picart est né à *Berrieux* (Aisne), le 14 janvier 1847 ; il n'a donc pas tout à fait trente-quatre ans.

Il fréquenta, jusqu'à l'âge de onze ans l'école primaire de son village, passa ensuite quatre ans dans un pensionnat de province et entra comme surnuméraire dans une étude de notaire.

Voilà le bagage d'instruction avec lequel il vint à Paris, à l'âge de dix-huit ans.

Ce fut son premier acte de bravoure.

Il entra résolument comme manœuvre dans un chantier de démolitions, y conquit tous ses *grades* jusqu'à celui de commis inclusivement ; puis, brisant brusquement avec sa carrière, qui commençait à se dessiner, courut à *Soissons* prendre le fusil, comme simple soldat, dans la mobile, à laquelle il appartenait.

On était en 1870 et la guerre allemande venait d'éclater.

C'est ici que le patriote va se révéler tout entier.

Nous avons sous les yeux le volumineux dossier des certificats délivrés à Achille Picart, des rapports officiels où sont consignés ses actes de courage accomplis à *Soissons* d'abord, puis à *la Fère* ; nous y voyons ses supérieurs consigner dans leurs rapports ce fait que le jeune mobile, tour à tour soldat, caporal, sergent, fut l'âme de toutes les opérations difficiles et périlleuses, et lui décerner, malgré la réserve du style officiel, le titre de *Soldat sans peur* que lui avaient donné les officiers.

Nous le voyons s'aventurer, la nuit, au milieu des bois, avec un camarade, à la poursuite d'un dangereux braconnier qui servait d'espion à l'armée prussienne.

Une autre fois, il porte intrépidement, la nuit encore,

au milieu des lignes prussiennes, les ordres nécessaires pour faire sauter le pont de *Vierzy*.

« Achille PICART, concluait le lieutenant-colonel qui racontait ce fait, est un de ces hommes solidement trempés, que rien n'arrête, et sur lesquels on peut toujours compter. »

Toujours, en effet, et quoi qu'il arrive.

Fait prisonnier à *Soissons*, PICART s'évade et court se réengager dans les francs-tireurs de *la Fère*.

Fait de nouveau prisonnier après le siège de *la Fère*, il s'échappe et va s'engager dans la mobile de *Lille*...

Tout cela, nous le répétons, est emprunté aux ordres du jour, aux rapports officiels, qui ne se lassent pas de signaler son intrépide bravoure et de le proposer pour la croix de la Légion d'honneur.

Mais parmi ces pièces unanimes à faire l'éloge de son intrépidité, il en est une, dictée par la reconnaissance et l'admiration, qui nous a paru particulièrement touchante.

C'est une lettre adressée par le commandant des Eclaireurs de l'Aisne au Ministre de la guerre, lettre dans laquelle le signataire, Warluzel, un fier brave, lui aussi, après avoir raconté comment Picart, « son plus valeureux auxiliaire dans toutes les missions périlleuses », marchait, dans toutes les sorties, en avant de la colonne, dit comment il sauva, dans une circonstance terrible, la vie à un grand nombre de ses camarades et à son commandant lui-même.

Dans la nuit du 24 au 25 novembre, à *la Fère*, ving-trois braves, dont faisaient naturellement partie PICART et son intrépide commandant, reçurent ordre d'aller inspecter la position des batteries ennemies, prêtes à ouvrir le feu sur la place et à commencer le bombardement. Au retour, pris entre l'inondation et le feu ennemi qui venait de s'ouvrir, sans barque pour rentrer en ville, nos vingt-trois braves étaient inévitablement perdus, si PICART, avec son audace ordinaire, n'avait réussi à s'emparer d'une toute petite barque, avec laquelle il essaya de passer un à un tous ses compagnons.

Au vingt et unième voyage, la frêle barque fut enfoncée par un éclat d'obus, et il restait encore, du côté des lignes ennemies, un caporal et le brave commandant, resté le dernier à son poste.

PICART découvre une seconde barque et achève le sauvetage.

Abrégeons.

Voici PICART, pendant le siège de la Commune, mal remis des effayantes fatigues de la campagne, à peine convalescent, et n'hésitant pas à s'élancer sur le toit d'une maison incendiée, en tenant en main la lance de la pompe, au milieu des balles qui lui arrivaient... il n'a jamais voulu savoir de quelle direction.

Le voici s'attelant de nouveau à son entreprise de démolition, associé enfin à l'entreprise de son oncle, et lui donnant, par son infatigable activité, l'importance que nous avons dite au début.

Arrêtons-nous et concluons, non par des réflexions personnelles, mais par la conclusion même de la belle lettre du commandant Warluzel.

Après le philanthrope qui arrêtait, en Belgique, un taureau furieux ayant déjà fait plusieurs victimes ; après l'intelligent économiste qui vient de provoquer, il y a quelques jours à peine, la fondation d'un Syndicat des Entrepreneurs de démolitions ; après le grand industriel qui est en train de faire place nette au Champ-de-

Mars, revenons au soldat, qui « a prouvé, disait son commandant, en homme qui s'y connaît, qu'il y a encore en France de nobles cœurs et des soldats valeureux. »

Le digne commandant, s'associant à une demande faite deux fois déjà dans des rapports officiels, réclamait à son tour, pour son compagnon d'armes, la croix de la Légion d'honneur.

Elle ne brille pourtant pas encore sur la poitrine de Picart ; cet oubli est, dit-on, sur le point d'être réparé.

L. BOURNE.

RÉCOMPENSE POUR BELLES ACTIONS

MÉDAILLE D'HONNEUR

Au nom du Président de la République, le Ministre Secrétaire d'État au département de l'Intérieur a décerné une Médaille d'honneur en argent, de deuxième classe, à Monsieur PICART (Achille), Entrepreneur de démolitions à Paris, qui, lors de la catastrophe survenue rue François-Miron, le 12 juillet 1882, s'est particulièrement distingué en dirigeant les travaux de déblai et de consolidation de la maison atteinte par l'explosion.

M. PICART, est autorisé à porter cette médaille suspendue à la boutonnière par un ruban tricolore également divisé. Ce diplôme lui a été délivré afin de perpétuer dans sa famille et au milieu de ses concitoyens le souvenir de son honorable et courageuse conduite.

Paris, le 4 août 1882

Le Ministre de l'intérieur,

Signé : René GOBLET.

Vu et certifié,
Le Sous-Chef du bureau du personnel
et des récompenses honorifiques,

Signé : C. DOYER.

LE PRÉSIDENT DE LA RÉPUBLIQUE FRANÇAISE,

Vu la déclaration du conseil de l'ordre, en date du 2 juillet 1883, portant que les promotions et nominations comprises dans le présent décret sont faites en conformité des lois, décrets et règlements en vigueur ;

Sur la proposition du Grand Chancelier de la Légion d'honneur, et le rapport du Garde des Sceaux, Ministre de la Justice et des Cultes.

Décrète :

ART. 3. — Sont nommés chevalier de l'ordre national de la Légion d'honneur :

MM.

. . . .

PICART (Achille-Auguste-Pierre), ancien sous-officier de mobiles, campagne de 1870-1871, 2 citations à l'ordre du jour, 1 proposition. Services exceptionnels.

. . . .

ART. 4. — Le Garde des Sceaux, Ministre de la Justice et des Cultes et le Grand Chancelier de la Légion d'honneur sont chargés, chacun en ce qui le concerne, de l'exécution du présent décret.

Fait à Paris, le 3 juillet 1883.

JULES GRÉVY

Par le Président de la République :

Le Garde des Sceaux,
Ministre de la Justice et des Cultes,
MARTIN-FEUILLÉE.

Vu pour l'exécution :
Le Grand Chancelier,
L. FAIDHERBE

41